AF186218

Eine Geschichte – ein langer Gedanke,
als Funken in Silke entstanden, von mir geschrieben –
in Gedanken an Dich, Silke –
wo immer Du hin unterwegs bist!

In tiefster Lunaliebe – für meine Kinder Maeve und Marc

Mandy Schubert

Lucy

*mit*denErdbeerSchuhen

© 2018 Mandy Schubert

Auflage 1-2018

Gestaltung, Illustrationen Titel/Innenseiten:
Ulrike Klaus, Delight Design
Lektorat: Xenia Busam, Märchenklang

Herstellung und Verlag: BoD – Books on Demand, Norderstedt

ISBN: 9783746065793

Bibliografische Information der Deutschen Nationalbibliothek:
Die Deutsche Nationalbibliothek verzeichnet diese Publikation in der Deutschen Nationalbibliografie;
detaillierte bibliografische Daten sind im Internet über dnb.dnb.de abrufbar.

Vor nicht allzu langer Zeit ...
vielleicht war es auch erst gestern gewesen ...
kam Lucy auf die Erde zurück.

Ob sie jemanden erkennt, ob sie überhaupt jemand sehen und erkennen würde?
Sie streift durch die Straßen der Stadt in der sie einst zuhause gewesen ist.
Es ist fast wie damals ...

Vertraut sind die Autogeräusche, die aus der Ferne zu ihr herüberdringen.
Irgendwo begrüßt ein Vogel mit seinem Zwitschern den neuen Tag.
Ein ganz besonderer, ganz bestimmter Morgenduft liegt in der Luft.
Ein Gemisch aus frischem Brot, heißer Schokolade mit Sahnehäubchen,
Straßenstaub und Benzin ...

und dazwischen, ganz fein, ein Hauch von klarem frischem Morgentau.

Doch irgendwie ist auch vieles anders geworden.
Wie lange sie wohl weg gewesen ist?

7

Die Häuser sind höher und bunter geworden.
Die Fenster und Türen darin viel größer.
Die alten gusseisernen Laternen stehen nur noch vereinzelt
an manchen Straßenecken.
Der eckige Brunnen mit der Pumpe auf dem Marktplatz ist verschwunden.
Die Briefkästen sind jetzt gelb statt grün.
Wo früher die Straßenbahn in der Mitte der Straße fuhr,
ist jetzt ein kleiner Bach in einem Steinbett,
in dem Kinder mit ihren nackten Füßchen hüpfen.
Ein Eisverkäufer preist laut rufend sein Eis an,
das an diesem Vormittag scheinbar noch niemand mag.

Vorsichtig und doch leichtfüßig huscht Lucy weiter ...
vorbei an Geschäften mit emsigem Morgentreiben,
hin zu dem großen Park mit dem alten Steintor und den uralten Bäumen,
den weiten Wiesen, auf denen sie im Sommer
fröhlich jauchzend durch das hohe Gras gesprungen war –
voll Freude inne gehalten hatte, sich im Kreis gedreht und gedreht hatte,
bis sie lachend umgefallen war ...
Sonnensterne tanzen vor ihren Augen und es dauert einen Moment,
bis der Himmel aufhört sich zu drehen ...

**Auf dem Rücken liegend sieht Lucy träumend in das weite Blau,
sieht eine kleine Wolke vorübersegeln und spürt, wie sich die Erlebnisse
von damals und heute langsam vermischen ...**
und Lucy erinnert sich ....

9

Schneerosengasse

Taras Zauberreich
Außergewöhnliche Kinderschuhe

Es war, als sie fünf Jahre alt war ...
in einer kleiner Seitenstraße, etwas abseits vom Getümmel der Innenstadt.
Ach wie hieß sie doch bloß?

Lucy sucht den Namen der Straße in sich –
ja richtig, es war die Schneerosengasse – genau hier rein,
das siebte Haus auf der linken Seite war es.

Ein kleiner Laden, drei Treppenstufen musste man zur Tür hinuntergehen,
ein kleines wackliges Geländer führte die Stufen entlang,
an denen immer kleine bunte Papierschuhe hingen.
Auf einem vergilbten Schild über dem Ladenfenster stand:

Taras Zauberreich – außergewöhnliche Kinderschuhe.

Vorsichtig und freudig aufgeregt drückte Lucy damals die Klinke herunter –
und trat ein. Sogleich kündigte der Klang einer alten Türglocke unseren Besuch an:
Da steh ich nun – meine kleine Hand in der warmen Hand meiner Mutter.
Ich weiß ganz genau was ich hier möchte.

Habe ich doch schon so oft vor dem Fenster gestanden.
Bin in der letzten Woche jeden Tag atemlos hier vorbeigerannt,
um zu schauen, ob sie noch unberührt dort stehen ...

Wir sind die einzigen Leute im Laden.

Es riecht fein nach Leder. In der Mitte des heimeligen Raumes steht ein alter,
von vielen Kinderhänden schon ganz glatt gewordener Holzstuhl.
An der Wand gegenüber hängt ein ganz sonderbarer,
doch wundervoll verschnörkelter großer Spiegel.

So lange schon warte ich auf den Augenblick,
an dem Tara mir die hellen Schuhe aus dem Schaufenster herüberreicht.

Mein kleines Herz klopft ganz wild ...

als ich erst meinen linken Fuß in den linken Schuh stecke
und dann meinen rechten Fuß in den rechten Schuh gleiten lasse.
Wenn ich jetzt in einem Erdbeerfeld stehen würde, könnte man denken,
zwischen meinen Zehen wachsen kleine Erdbeeren.

Meine Füße stecken nämlich in den allerschönsten Erdbeerschuhen,
die es auf der Welt gibt. Die Sohlen der Schuhe sind von dunklem Waldgrün
und auf das helle Leder sind viele kleine saftig rote Erdbeeren gemalt,
mit winzigen Blättern. Dazwischen, vereinzelt weiß schimmernde Blütenköpfchen.
Verschließen kann man die Schuhe mit einem kleinen Riemchen,
an dem ein Erdbeerknopf hängt.

Mit erdbeerroten Wangen strahlt mir mein Spiegelbild entgegen.

Wie die Sonne lache ich – und meine Mutter und Tara strahlen mit mir um die Wette.
Es versteht sich von selbst, dass ich die Schuhe gleich anbehalte.

Überglücklich springe ich die ausgetretenen Stufen der Treppe hinauf.
Das Türglöckchen bimmelt fröhlich zum Abschied ...
und Tara winkt uns hinterher.

Singend laufe ich die Straße entlang.
Mal hüpfe ich hoch in die Luft,
mal tripple ich leise über das alte Kopfsteinpflaster –
ich kann es kaum erwarten,
meiner liebsten Freundin Silky meine Erdbeerschuhe zu zeigen.

Noch drei Straßenecken, dann kommt eine große silbergrau leuchtende Birke.
An ihren langen geschmeidigen Ästen hängen unzählige frühlingshelle Blätter.
Dort an dem Baum steht eine dunkelrote Bank.

Oft sitze ich hier mit Silky ...
wir erzählen von unseren Träumen,
vom doofen Nachbarn schräg über der Straße
aus dem Haus mit den gelben Fensterläden.

Davon, wie wir der Blumenhändlerin an der Ecke neulich drei Maiglöckchen-
sträuße stibitzten und sie der alten Dame mit dem braunen Hund schenkten.
Sie steht so oft in der Tür und schaut suchend in die Ferne, als warte sie darauf,
dass jemand wiederkommt.

Wir erzählen von der Schule …
vom Einkaufen mit Oma … von unseren Geburtstagswünschen …
von den jungen Kätzchen aus dem Garten nebenan.
Wir erzählen uns Geheimnisse, die niemand sonst weiß,
und lauschen dem leisen Rauschen der Birkenblätter.
Manchmal klingt es fast, als ob die Birke uns eine Geschichte erzählt.
Dann schauen wir uns an, schmunzeln und flitzen kichernd davon.

Ja, Silky ist meine allerbeste Freundin …
und deshalb muss ich jetzt ganz schnell zu ihr. Sie wohnt zwei Häuser neben mir.
Ich stehe schon an der Tür und klopfe ungestüm. Keiner öffnet.
Doch dann kommt Silky aus dem Garten gestolpert,
ruft ein freudiges ‚Hallo‘ … und bleibt wie angewurzelt vor mir stehen …
blickt staunend auf meine Erdbeerschuhe und ist einen Moment sprachlos.
Unglaublich schön findet sie die Schuhe, beschaut mich von allen Seiten.

Ich bin ganz stolz …
plötzlich fragt Silky, ob sie die Schuhe auch einmal anprobieren darf.
Ich bin völlig überrascht und – ganz ehrlich – ich finde es unerhört,
absolut unerhört, dass sie meine Erdbeerschuhe anziehen möchte.
Zaghaft schaut Silky mich an. In meinem Bauch grummelt es –
warum weiß ich nicht – doch entschlossen sage ich ‚Nein‘.

Wortlos, traurig und auch ein wenig beleidigt dreht sich Silky um –
und geht ins Haus. Die Tür fällt lautlos ins Schloss.
Mein Bauchgrummeln knistert fast schon …
irgendwie wütend, doch auch betrübt gehe ich nach Hause.

Der Tag schleicht dahin.
Abends finde ich nicht in den Schlaf ...
und als meine Mutter vor ihrem Schlafengehen noch einen Kuss
auf mein Kissen legt, flüstere ich ihr leise meinem Kummer ins Ohr.

Ganz ruhig hört sie mir zu,
nimmt meine kleine Hand in ihre große warme Hand und spricht:

„Weißt Du Lucy, immer wenn Du jemandem von dir etwas gibst,
ohne zu fragen, ob du etwas dafür bekommst ...

Immer wenn du jemandem etwas schenkst,
was du vielleicht selbst gern hättest oder behalten magst ...

Wenn du aus Liebe für jemanden etwas tust,
damit es ihm besser geht und dieser Jemand glücklich ist ...

Dann bekommst du eine Feder für deine Flügel ...
und wenn du irgendwann einmal diese Erde verlassen wirst,
wirst du deine Flügel bekommen und kannst fliegen, wohin du willst."

Sie streicht mir über das Haar, wischt mir sanft eine Träne von der Wange,
deckt mich liebevoll zu und löscht das Licht.

Am nächsten Morgen ...
kaum dass der Tag erwacht ist –
das Morgenrot zwinkert durch die Äste des Fliederbusches vor meinem Fenster –
hüpfe ich aus dem Bett und renne barfuß,
mit meinen Erdbeerschuhen in der Hand über die taunasse Wiese,
zur Hausnummer 9, dort wo Silky wohnt – und klingle Sturm!!!

Ihr Bruder Finn öffnet die Tür und lässt mich durchrauschen –
direkt zu Silkys Zimmer.
Vor ihrer Tür bremse ich scharf ab, öffne behutsam die Tür
und schleiche auf Zehenspitzen an ihr Bett.

Ganz tief ins Kissen gekuschelt liegt Silky da.
Die apfelgrüne Decke bis zur Nasenspitze gezogen,
die Ohren ihres Kuscheleisbären Trixie lugen hervor –
ganz still stehe ich dort und schaue ihr beim Schlafen zu.

Plötzlich scheppert es irgendwo im Haus ...
Finn probiert sein neues Schlagzeug aus
und weckt damit selbst den Maulwurf im letzten Hügel,
am Ende des Gartens.

Verschlafen blinzelt Silky aus dem Kissenberg hervor.

Entschuldigend lächle ich sie an.
Zeige stumm auf die Erdbeerschuhe auf dem pflaumenlila Teppich.

Ganz schnell wird Silky munter.
Grinsend schwingt sie die Beine über den Bettrand,
streift die rotweiß gepunkteten Schlafsocken von den Füßen
und schlüpft in die Schuhe.

Sie freut sich leise und schaut verstohlen zu dem Spiegel,
der an der Schranktür hängt.

„Na, schau schon rein", sage ich und Silky betrachtet sich ausgiebig,
wiegt sich hin und her und beginnt zu singen. Lauthals stimme ich mit ein.
Und durchs Haus dringen bald von unten wilde Schlagzeugtöne und von oben –
das helle und befreiende Lachen von zwei besten Freundinnen.

Ganz still in mir drin verspreche ich mir selbst:
„Silky kann meine Erdbeerschuhe tragen, wann immer sie möchte."
Es ist wunderbar, die Freude über die Schuhe zu teilen und zu spüren:
Silky ist mir nicht mehr böse.

Später, als die Abenddämmerung von der nahenden Nacht kündet,
sitzen Silky und ich am Stockbrotfeuer im Garten.

Ein bunter Tag legt sich schlafen.
Im Teich hinter uns blubbern die Fische „gute Nacht"
und die Frösche beenden ihr Abendkonzert …

So zogen die Jahre ins Land.
Meine Erdbeerschuhe waren mir längst schon zu klein geworden
und doch wollte ich sie gerne behalten. Frisch geputzt standen sie in einem
besonders schönen Karton zum Aufbewahren auf dem Dachboden.

Doch, da gab es noch jenen Sommer, in dem es sehr warm war.
Ich besuchte meine Oma mindestens zweimal in der Woche und jedes Mal
lief ich gerne den Weg durch die Schneerosengasse – dort sah ich oft ein kleines
Mädchen. Es hatte immer dieselben kaputten Schuhe an, seine Hausschuhe.
Eines Tages holte ich den Karton mit den Erdbeerschuhen vom Dachboden,
nahm ihn mit in die Schneerosengasse und schenkte dem Mädchen die Schuhe.
Es lachte und freute sich königlich.

Damals dachte ich an die Worte meiner Mutter –
ob ich wohl für die verschenkten Schuhe eine Feder für meine Flügel bekam?

Silky ist dann nach der Schule in eine andere Stadt gezogen.
Nicht weit von uns. Wir lernten beide einen Beruf.
Silky ist Malerin und ich bin Schneiderin geworden.
Später wurde Silky Mutter von zwei Mädchen,
ich habe drei Mädchen bekommen.

Als unsere Kinder noch klein waren,
nähte ich Hosen, Kleider und Jacken mit Erdbeeren
in allen erdenklichen Farben, Formen und Größen.
Silky malte eigentümliche Wunschbilder an die Kinderzimmerwände,
manchmal waren auch dort Erdbeeren zu sehen ...

Und oft, sehr oft erzählten wir den Mädchen bei gemeinsamen Ausflügen
von „unseren" Erdbeerschuhen ...

und im Stillen, für niemanden hörbar,
erzählte ich mir selbst die Geschichte vom Federnsammeln.

Die Jahre vergingen ...
und es machte mir Freude mit vielen winzigen Gesten im Alltag,
kleine Glücksmomente zu verschenken ...

Mal für den grimmigen Nachbarn beim Bäcker ein Brot mitbringen,
mal ein Paket für jemand Fremden annehmen, damit er abends nach der Arbeit
nicht mehr zur Post fahren musste ...

Mal dem jungen Vater beim Autoreifenwechseln helfen,
obwohl ich einen Termin hatte ...

Mal der alten Frau auf dem Bahnsteig den schweren Koffer
die Treppe hochtragen, auch wenn ich dann meinen Zug verpasste ...

dem aufgeregten Mädchen an der Parkuhr ein Geldstück schenken,
damit sie schnell den Parkschein kaufen und ins Auto legen konnte,
bevor der Polizist den Strafzettel unter den Scheibenwischer klemmte ...

Als meine Kinder groß waren ...
aus ihrem Zuhause ausflogen und selbst Eltern wurden,
zog ich in die Welt hinaus ...

Ich besah mir andere Länder, ihre Natur, wie und wo die Menschen lebten,
was sie gern aßen und tranken – erfuhr von den Geschichten ihrer Heimat
und was ihnen wichtig war.

Ich traf Freunde, war oft in geselliger Runde, legte mir einen wunderbaren Garten an,
in dem ich ungezählte Stunden verbrachte, Kräutlein setzte, Beeren pflückte
und abends den Igeln beim Rasenwettrennen zusah.

Ich war viel im Wald und liebte es, hoch in die Baumwipfel zu schauen,
die Zeit dahin plätschern zu lassen und dem Murmeln des Baches zuzuhören.

Nun bin ich alt geworden ...
eine richtige Oma ... mit dichtem weißem Haar ...
die Beine sind manchmal recht wackelig ...
und beim Tragen des Wasserkastens brauche ich die Hilfe
vom jungen Nachbarsmann.

Im Frühling verstecke ich die Ostereier für meine Enkelkinder im Garten.
Ich habe sieben Enkelkinder, drei Jungs und vier Mädchen.
Ich bin eine ganz stolze Oma.

Im Sommer backe ich Kuchen mit den Kirschen
vom alten knorrigen Kirschbaum aus dem Garten.
Knusprige Butterstreusel bedecken den Kuchen fast ganz ...
und wenn ich mich nicht beeile, bleibt vom ganzen Kuchen
nicht einmal ein Krümel für mich übrig.

Im Herbst sammeln die Kinder die Äpfel von den Streuobstwiesen.
Körbeweise stehen sie duftig, gold- und rotbackig in der Küche.
Später stehen dann viele Flaschen voll feinstem Apfelsaft im Kellerregal
und samtiges Apfelgelee auf frischem Brot schmeckt köstlich.

Im Winter bauen wir gemeinsam Vogelhäuschen
und verpflegen unsere kleinen Fluggäste mit Sonnenblumenkernen.

Ich bin eine glückliche Oma ...
auch wenn ich weiß, dass meine Zeit,
hier auf dieser Erde bald vorübergeht.

Ich habe viel Schönes erlebt ...
vieles erfahren ... vieles gelernt ...
bin vielen Menschen begegnet.
Ich bin jetzt alt und werde bald sterben.

Ich hatte ein besonderes Leben –
und ich freue mich auf meine Weiterreise
nach dem Tod.

Ich habe den Kindern oft davon erzählt,
dass ich neugierig bin und mich nicht fürchte,
Abschied zu nehmen.

Und ich habe ihnen auch
von den Federn erzählt ...
Ob für meine Flügel wohl genug Federn
bereitliegen?

Die Zeit vergeht und Erinnerungen von damals und heute fließen ineinander ...
Oma Lucy ist gestorben. 87 Jahre lang war sie auf der Erde ...
Jetzt ist sie nicht mehr bei ihrer Familie.

Doch irgendwie ist Lucy noch immer da. Irgendwie anders ...
und in einer merkwürdigen Landschaft. Steile Berge umgeben sie –
manche weit weg, andere nah oder sogar dicht dran.
Es ist angenehm warm.

Lucy schaut an sich herab – wo sind die alten wackligen Beine hin?
Und ihre Hand ist auf einmal wieder klein und ganz zart.
Selbst die dicken flauschigen Omahausschuhe sind nicht mehr da
und mit den Augen sieht Lucy wieder ganz klar.

Sanft schwebt etwas weißes Fedriges auf ihr Haar. Sie greift danach –
lustige kleine dunkelbraune Löckchen kringeln sich um ihre schmalen Finger –
und im Haar versteckt findet sie eine samtweiche Daunenfeder.

Nachdenklich schaut Lucy auf ihre Füße ...
staunend, überrascht und tief einatmend kann sie es kaum glauben.
Da sind sie wieder und wie wundervoll – sie passen perfekt:
ihre Erdbeerschuhe.

Mutter hatte wahr gesprochen
und Lucy hört die alten Worte noch einmal in sich klingen:

„Weißt Du Lucy, immer wenn Du jemandem von dir etwas gibst,
ohne zu fragen, ob du etwas dafür bekommst …
Immer wenn du jemandem etwas schenkst,
was du vielleicht selbst gern hättest oder behalten magst …
wenn du aus Liebe für jemanden etwas tust,
damit es ihm besser geht und dieser Jemand glücklich ist …

dann bekommst du eine Feder für deine Flügel …
und wenn du irgendwann einmal diese Erde verlassen wirst,
wirst du deine Flügel bekommen und kannst fliegen wohin du willst.“

Lucy hebt den Kopf und schaut sich um.
Jetzt erkennt sie, dass hier und dort auf den anderen Bergen ebenso jemand sitzt …
Und ebenso wie sie selbst, kann niemand von den steilen Bergen herabsteigen.
Hinter den Bergen scheint die Sonne aufzugehen.
Ein seltsames Licht strahlt – es trägt das Goldgelb der Sonne in sich
und doch auch die flirrende klare Kühle des Mondes.

Das Licht gleicht einer Wolke … oder einem Stern …
oder ist es nur ein funkelnder Punkt?

Was auch immer es ist, es kommt zu ihr und es scheint,
als klinge ganz leise eine kleine Musik zu ihr herüber…

Lucy sieht jetzt mehr und mehr Federn über den anderen Bergen
durch die Luft schweben. Raunend fragt sie in das prachtvolle Licht hinein,
wer die Leute dort auf den Bergen sind
und was die schwebenden Federn wohl bedeuten?

Eine warme, weiche Stimme antwortet.
Sie erzählt, dass jene Leute dort auf den Bergen
nun die Federn zu sammeln versuchen,
die sie sich in ihrem Leben auf der Erde nicht verdienen konnten.

„Hier haben sie Zeit und Ruhe,
sich an all jene verpassten Momente zu erinnern,
in denen sie hätten Federn sammeln können.

In denen sie irgend jemandem hätten
etwas Gutes tun können –
aus reinem Herzen heraus,
ohne dabei an einen Gewinn zu denken.

Doch keine Sorge Lucy,
die Leute hier haben Zeit, um über ihr Leben nachzudenken.
Und wenn sie heute aus tiefstem Herzen anders handeln
und gerne Glücksmomente verschenken würden ...

Dann wird jeder – über kurz oder lang –
genug Federn für seine Flügel erhaschen.“

33

Lucy ist ganz still geworden.
Leise flüsternd stellt sie noch eine letzte Frage in das Licht:

„Sag, warum bin ich wieder fünf Jahre alt –
und habe meine Erdbeerschuhe an den Füßen?"

„Lucy…", flüstert das Licht fast ebenso leise zurück.
„Der Mensch kommt immer dort nach seinem Tode an,
wohin ihn seine glücklichste Erinnerung trägt.

Und nun … flieg los, Lucy … flieg los –
wo immer deine Flügel dich hintragen werden."

und …

vor nicht allzu langer Zeit …
vielleicht war es auch erst gestern gewesen …
kam Lucy auf die Erde zurück.

Und Lucy erinnert sich …